Rudolf Steiner

Wiederholte Erdenleben

Eine Wahrheit, die Kraft zum Leben gibt

Ein öffentlicher Vortrag,
gehalten in Hamburg am 9. Dezember 1905

Rudolf Steiner
Ausgaben

im Archiati Verlag

1. Auflage 2012

Herausgeber: Archiati Verlag e. K. (Monika Grimm), Bad Liebenzell

Redaktion: Pietro Archiati, Bad Liebenzell

Korrektorat: Dr. Gerhard Hüttig, Schwanewede

Druck: GGP Media GmbH, Pößneck

ISBN: 978-3-86772-309-1

Archiati Verlag
Burghaldenweg 37 · D-75378 Bad Liebenzell
Telefon: (07052) 935284 · Telefax: (07052) 934809
anfrage@archiati-verlag.de · www.archiati-verlag.de

Inhalt

Wiederholte Erdenleben

Hamburg, 9. Dezember 1905

Sehr verehrte Anwesende!

Unter den Anschauungen, die die theosophische (geisteswissenschaftliche) Bewegung neuerdings den Menschen zum Bewusstsein zu bringen versucht, sind die beiden Worte Wiederverkörperung und Karma als Lösung des Menschenrätsels in dem Titel des heutigen Themas zusammengefasst.

Die beiden Worte werden von unseren Zeitgenossen sehr unterschiedlich aufgefasst. Die einen sind gleich bei der Hand, die Geisteswissenschaft für fantastisch (irrational) und unsinnig zu erklären. Sie sagen: Wie kann man so etwas überhaupt wissen?

Anderen tritt diese Erkenntnis wie eine Erlösung entgegen. Für sie sind das zwei Worte, durch die sie die Lösung des Menschenrätsels gefunden haben. Ein Albdruck, unter dem sie schmachteten, ist von ihnen genommen.

Es löst sich das Rätsel, weshalb ein Teil der Menschen in tiefstem Elend steckt, während andere im höchsten Glück dahinwandeln, wenn wir bedenken, dass der Grund sowohl zu den Anlagen, mit denen der

Mensch auf die Welt kommt, als auch zu dem Schicksal, das ihn in diesem Erdenleben trifft, in vergangenen Zeiten gelegt worden ist.

Die anderen, denen die Sache fantastisch erscheint, bedenken nicht, dass die Umgebung, in der sie leben, nicht die einzige auf der Erde ist. Es gibt ebenso viele Menschen, die an den wiederholten Erdenleben festhalten, wie Menschen, denen diese Sache aus dem Gesichtskreis gerückt ist.

Den asiatischen Völkern ist die Wiederverkörperung keine graue Theorie, sondern eine Lebenswahrheit, aus der sie Lebenskraft schöpfen. In früheren Zeiten, bis zum Christentum hin, war diese Anschauung auch in Europa weit verbreitet – auch noch in den Anfangszeiten des Christentums.

Es war nicht nur eine Anschauung für Fantasten. Die besten der geistigen Führer bekannten sich dazu. Platon, Giordano Bruno, der für sein Eintreten für Kopernikus den Tod erfahren hat, standen für sie ein. Ihre Lehre ist nicht von der Anschauung wiederholter Erdenleben zu trennen.

Lessing bekennt sich dazu in seiner Schrift *Die Erziehung des Menschengeschlechts* (1785). Goethe, Jean Paul – nicht fantastische Geister irgendwelcher untergeordneter Religionssysteme – treten dafür ein. Nein, es sind große Geister, die sich das Leben nur so zu erklären vermögen.

Man benimmt sich auffallend gegen die großen Geistesheroen wie Platon und Lessing, deren Namen man mit mehr oder minder geheuchelter Ehrfurcht nennt – auf den Namen Giordano Bruno ist sogar ein Bund getauft –, wenn man auf deren tiefste Überzeugung von den wiederholten Erdenleben kommt und achselzuckend sagt: Das ist eine Schwäche dieses großen Menschen. Gibt es eine größere Unbescheidenheit, als so zu urteilen?

Wer so spricht, den frage ich, von wem er das Beste, was er weiß, gelernt hat. Doch von denen, deren Namen mit dieser Lehre verbunden sind! Über die wirft er sich zum Richter auf. Er nimmt von ihnen an, was ihm passt und lässt links liegen, was ihm nicht passt.

Die geisteswissenschaftliche Bewegung sucht in moderner Weise das Bewusstsein der wiederholten Erdenleben den Menschen wieder nahezubringen.

Noch sträuben sich die Wissenschaftler, diese Lehre anzuerkennen. Wenn sie sie nur erst als Hypothese gelten lassen wollten, so würde bald die Zeit kommen, wo sie sehen, dass sie ohne diese Lehre zu keiner Lösung des Menschenrätsels kommen!

Ein jeder Mensch trägt in sich einen unvergänglichen Wesenskern. Was an ihm geboren wird und stirbt, ist nur die Hülle dieses Wesenskerns. Dieser war da vor der Geburt und wird da sein nach dem Tod.

Dieser Wesenskern hat schon wiederholt auf der Erde gelebt und wird immer wieder im Mutterleib «geboren». Das jetzige Leben ist nur eines unter vielen.

Wenn nur äußerlich aufgefasst, wird das nicht gleich klar. Bei oberflächlicher Anschauung wird uns diese Lehre unwahrscheinlich erscheinen. Die materialistische Denkweise des Westens macht uns unfähig, die Sache richtig aufzufassen.

Es gibt aber eine höhere, geistige Anschauung, wie sie im Morgenland gepflegt wurde. Vielen Abendländern, die diese empfangen haben, ist es ganz natürlich geworden, dass sie, wenn sie allein oder mit solchen zusammen sind, die dieselbe Schule durchgemacht haben und von dem inneren Wesenskern des Menschen wissen, diesen in Gedanken bewusst von ihrer äußeren Erscheinung trennen. Sie sagen: Nicht mein Wesenskern geht durch das Zimmer, sondern mein Körper; mein Körper hat Hunger, mein Gehirn denkt, und so weiter.

Es gibt eine geistige Anschauung, die uns lehrt, dass der physische Körper nur das Werkzeug für den geistigen Wesenskern ist, dass alle Sinnesorgane nur dazu dienen, damit dieser sich auf der Erde betätigen kann.

Der Durchschnittsmensch meint mit dem Ich seinen Körper, der geistig Geschulte hat die Empfindung einer Zweiheit: eines geistigen

Ich, und eines Äußeren, mit dem das Ich nichts zu tun hat. Er unterscheidet immer mehr den unvergänglichen Wesenskern von dem physischen Leib. Was vor der Geburt da war, hat nichts mit dem physischen Körper, viel aber mit den physischen Bedürfnissen zu tun.

Dass Müller oder Meier wiederkommen, das ist eine falsche Ansicht. Was sich von Müller oder Meier wiederverkörpert, kann nur der erkennen, der sich von dem Begriff losmachen kann, dass der Mensch sein Körper ist. Dann erst, wenn er das vermag, kann er einen Begriff davon bekommen, was es ist, das sich wiederverkörpert.

Nun müssen wir uns noch einmal kurz vor die Seele führen, was vom Menschen bleibt – und das irdische Dasein wieder aufsucht –, und was vergeht.

1. Der *physische Körper* zerfällt im Tod, weil er aus physischem Stoff besteht – er vergeht.
2. Der *Ätherleib,* der Lebensleib, der macht, dass die physischen Organe ihre Arbeit verrichten können. Er ist das Bewegende, das Belebende des Körpers.

Die Uhr bewegt sich auch, sie besteht aus einem Räderwerk. Nehme ich ein Rad heraus, so hört sie auf zu gehen. Lege ich die Uhr und das

Rad nebeneinander, so können sie lange daliegen, sie verändern sich nicht. Haue ich aber eine Hand vom menschlichen Körper ab, so bleibt sie nicht, wie sie war, sie verdorrt, weil sie mit dem Körper, von dem ich sie getrennt habe, lebendig-organisch verbunden war. Auch dieser Ätherleib zerfällt im Tod. Er geht in den allgemeinen Äther über.

3. Der dritte Körper ist zu erkennen, wenn wir wissen, was im Menschen lebt, was nicht bloß der Zusammenhang zwischen Haut und Knochen ist. Was er in sich trägt an Leid und Lust, an Begierden und Leidenschaften, das sind Dinge, die ebenso in ihm leben wie Blut und Herz, sie sind ebenso lebendig. Das ist der *Astralleib*.

4. Das *Ich* ist dasjenige, was den Menschen unterscheidet von den Geschöpfen der anderen Reiche.

Den physischen Leib hat der Mensch gemeinsam mit dem Mineralreich, den Ätherleib mit dem Pflanzenreich, den Astralleib mit den Tieren.

Das Ich arbeitet an dem Astralleib. Das müssen wir uns wieder und wieder vergegenwärtigen. Ein oft angeführtes Beispiel kann uns das klarmachen. Es ist dasjenige, was Darwin mit einem Wilden erlebt hat, der seinesgleichen auffrisst. Dieser Wilde besteht auch aus den vier genannten Grundteilen des Menschen, aber sein Astralleib unterscheidet sich noch wenig von dem des Tieres. Er folgt noch blindlings seinen Trieben.

Darwin versuchte dem Wilden klar zu machen, wie schlimm es ist, dass er seinen Bruder auffrisst. Da meinte der Wilde, Darwin könne gar nicht wissen, ob ein Mensch schlecht oder gut sei, ehe er ihn nicht verspeist habe. Daraus entnehmen wir, dass dieser Wilde noch gar keinen Begriff von Recht und Unrecht hatte. Er konnte noch keinen Unterschied machen zwischen Gut und Böse. Was ihm behagt, was ihm gut schmeckt, ist für ihn gut, was übel schmeckt oder ihm nicht behagt, ist für ihn schlecht. Sein Ich hat noch nicht an seinem Astralleib gearbeitet. Er hat ihn noch nicht veredelt.

Die Kultur veredelt die Triebe und macht sie der Pflicht dienstbar. Das Ideal der Pflicht lehrt den Menschen zu unterscheiden zwischen dem, was ihn lockt und dem, was er meiden soll. So erkennt er, was Recht und Unrecht ist.

Ist der Mensch so weit gekommen, dass er unterscheiden kann zwischen dem, dem er folgen darf und dem, dem er nicht folgen darf, so hat er gelernt, seinen Astralkörper vom Ich aus zu beherrschen.

Wenn wir den Menschen von heute betrachten, so werden wir finden, dass er einen Teil seines Astralleibs bearbeitet hat, und den anderen Teil noch nicht. Zwischen diesen beiden Teilen des Astralleibs müssen wir streng unterscheiden.

Der eine Teil ist noch wie beim Tier, das blindlings den Instinkten und Trieben folgt. Der andere Teil ist das Glied des Astralleibs, das der Mensch vom rein Natürlichen zu etwas Edlerem umgewandelt hat. Zwischen diesen beiden Gliedern besteht eine scharfe, eine wichtige Grenze.

Der Teil, an dem der Mensch noch nicht gearbeitet hat, der geht kurz nach dem Tod verloren. Der Teil des Astralleibs, den wir uns nicht zum Eigentum gemacht haben, wird der Natur zurückgegeben. Was wir von astraler Materie geläutert und umgearbeitet haben, das bleibt unser unvergängliches Eigentum. Der Instinkt, der unveredelt ist, muss abfallen, was veredelt ist, bleibt und wird dem Ich einverleibt.

So arbeitet der Mensch an der Verewigung, an der Unvergänglichkeit seines Astralleibs. Dass diese Arbeit nicht in einem einzigen Leben vollendet werden kann, liegt auf der Hand.

Durch diese Betrachtung erscheint die Lehre von den wiederholten Erdenleben logisch begründet. Wer das Innere des Menschen durch eigene Anschauung kennt, für den ist die Wiederverkörperung eine Tatsache, die ihm ebenso sicher ist, als dass soundso viele Menschen hier im Saal sitzen.

Durch höheres Schauen weiß er von dieser Tatsache, er ist nicht durch logische Spekulation dazu gekommen. Aber heute Abend wollen wir uns die Logik der Sache klarmachen.

Vergleichen wir einmal den Wilden, der noch ganz wenig umgearbeitet hat, mit, sagen wir, Franz von Assisi, der fast nichts mehr in sich hatte, was er nicht veredelt hatte. Er hatte den Erdenrest bis zu einem Geringsten heruntergebracht. Um auf diese Stufe zu kommen, müssen ihm ganz andere Anlagen und Kräfte als jenem Wilden zur Verfügung gestanden haben.

Ist es nicht ebenso unsinnig anzunehmen, dass diese Anlagen aus dem Nichts herausgekommen sind, wie es unsinnig ist anzunehmen, dass ein niederes Tier aus dem Schlamm entstehen kann, oder dass ein Löwe nicht von einem Löwen abstammt?

Wenn man das auf physischem Gebiet behaupten wollte, würde man das für eine Torheit halten. Man scheut sich, auf physischem Gebiet Wunder anzunehmen, aber man scheut sich nicht, auf höherem Gebiet ein viel größeres Wunder anzunehmen! Das, was sich bei dem Tier vererbt, sodass ein Löwe nur von einem Löwen abstammt, ein Tiger nur von einem Tiger und so weiter, sind Gattungsmerkmale. Beim einzelnen Menschen kann aber von einer Gattung nicht die Rede sein.

Jeder Mensch hat individuelle Merkmale, nur wer darüber hinwegsieht, kann das übersehen. Für den Menschen ist das Individuum so wichtig wie für das Tier die Gattung. Das Tier wiederholt die Gattung, der Mensch wiederholt das Individuum. Der einzelne Mensch zeigt nicht nur die Merkmale seiner Eltern wieder auf, sondern er ist etwas für sich. Das muss erklärt werden.

Außer dem von unseren Eltern Geerbten lebt in jedem von uns etwas Geistig-Seelisches, was auf ein höheres Dasein zurückzuführen ist.

Ebenso wie der physische Mensch durch Vererbung physische Merkmale erworben hat, so hat sich der geistige Mensch geistige Eigenschaften erworben. Und zwar hat er sie in früheren Erdenleben dadurch erworben, dass er gelernt hat, seinen Astralleib zu beherrschen. Und diese Eigenschaften hat er in dieses Leben mit herübergebracht. Es ist immer der Wesenskern, der wieder auf der Erde erscheint.

Da möchte wohl mancher einwenden: Ja, wenn dem so ist, so müsste der Mensch sich doch an die früheren Lebensläufe erinnern!

Diese Frage ist falsch gestellt. Denken wir uns, wir hätten ein vierjähriges Kind vor uns, und da fragt jemand: Warum kann dieser

Mensch nicht rechnen? Freilich, das vierjährige Kind kann nicht rechnen. Lasst es aber zehn Jahre alt werden, dann kann es rechnen. Für jeden Menschen kommt die Zeit, wo er rechnen kann. Je höher der Mensch aufsteigt, je mehr wird er auch zur Erinnerung an die früheren Erdenleben kommen. Noch ist das für die Mehrzahl nicht möglich.

Man muss erst das erkennen, was sich verkörpert, ehe man erkennen kann, was mit dem geschieht. Der Mensch verlangt sich zu erinnern, aber dasjenige, dessen er sich erinnern will und was für ihn Bedeutung hat, ist von ihm abgefallen. Erst bei dem Menschen kann von einer Rückerinnerung die Rede sein, der sich als individuellen Geist begreifen kann.

Wer immer äußere Eindrücke braucht, um sich zu empfinden, dem wird sein Unvergängliches nicht bewusst, der kann noch nichts davon erfahren. Nur in dem leuchtet es auf, der den Geisteskern erobert.

Hier und dort treten Erscheinungen auf, wo das Gedächtnis hellseherisch wird. Zum Beispiel in Todesgefahr, da taucht bisweilen das ganze Leben vor dem Gedächtnis auf. Das müssen wir uns klarmachen.

Wenn der Mensch, so wie er jetzt ist, erinnern soll, so muss er den Ätherkörper zu Hilfe rufen. Das Gedächtnis ist im Ätherleib, die Instinkte sind im Astralleib. Erinnerungen können wir nicht haben ohne den Ätherleib, doch sie sind getrübt und mangelhaft, weil sie durch den physischen Leib behindert sind und durch die wogenden Gefühle des Astralleibs übertäubt werden.

Im Sterben heben sich der Astral- und der Ätherleib heraus. Im Schlaf bleibt der Ätherleib mit dem physischen Körper verbunden und verursacht die Träume. Nach dem Tod trennen sich Astralleib und Ätherleib von dem physischen Körper. Dann zerreißt das magnetische Band, das sie an den physischen Körper fesselte.

In der kurzen Zeit zwischen dem Herausheben der feineren Leiber und der Trennung derselben vom Körper, leuchtet das ganze Leben wie in einem großen Gemälde vor der Seele auf. Es ist im Ätherleib eingeschrieben. Es taucht eine Erinnerung über lange, lange Zeiten auf. Es herrscht über der Seele eine Windstille, sie ist blind und taub für ihre Umgebung, ganz im Inneren lebt sie mit einem erhabenen Inhalt auf.

Thomas a Kempis weiß in seiner *Nachfolge Christi* viel von diesen inneren Seelenerlebnissen zu sagen. Sein Buch ist dem Neuen Testament fast gleich zu achten.

Wenn tief im Inneren diese geistige Kraft ersteht, so lässt sie uns allmählich unseren geistigen Wesenskern erkennen. Es ist dies eine ganz bestimmte Erfahrung, die Erfahrung des sich selbst erzeugenden Gedankens. Ein wenig können wir uns den Vorgang klarmachen, wenn wir uns ganz und gar in ein Kunstwerk versenken, sodass wir uns selbst darüber ganz vergessen.

Wer sich selbst, sein innerstes Selbst erkennen will, bei dem muss auch vollkommene Windstille herrschen. Nichts, gar nichts des persönlichen Ich darf sich einmischen. Dazu gehört ein Grad des Lebens im Objektiven, das sich im keuschen Ätherelement abspielt.

Wenn der Mensch gelernt hat, so den göttlichen Gedanken in sich leben zu lassen und imstande ist, sein Leben bis zu seiner Geburt zurückzuverfolgen, dann taucht vor seiner Seele ein Bild auf. Es ist das Bild, das er in der Sterbestunde des vorigen Lebens gesehen hat, der Überblick über das vorige Erdenleben.

Nicht das ganze Erdenleben kann er erinnern, das kommt erst später. Zunächst wird sich diese Erinnerung bis zur Gewissheit wiederholen, ehe die Erinnerung noch weiter und immer weiter zurückgeht. Wer da weiß, was sich mit dem Menschen ereignet, dem wird der Zusammenhang klar.

Wer da glaubt, dass der Mensch alles von der Natur empfängt, dem wird es befremdlich erscheinen. Wer aber an die Arbeit glaubt, die der Mensch an sich zu verrichten hat, dem wird klar sein: Was vom Charakter an einem Menschen dasteht, das hat sich der Mensch selbst geschaffen.

Was du heute denkst, das wirst du morgen sein. Schöne, reine Gedanken recht oft gedacht, Pflichten, treu erfüllt, werden in den Charakter übergehen. Der Gedanke formt den Charakter.

Andererseits liegt es auf der Hand und ist leicht zu bemerken, dass der Verkehr des Menschen mit seiner Umgebung und sein Beruf großen Einfluss auf seinen Charakter haben. Bei näherer Prüfung werden wir finden, dass die Gelegenheiten, die dem Menschen im Leben geboten werden, mit seinen Neigungen, Wünschen und Begierden in Zusammenhang stehen.

Vergleichen wir einen Bankbeamten mit einem Botaniker. Der Botaniker zieht ganz etwas anderes an sich heran als der Bankbeamte. Das ist ganz selbstverständlich und natürlich. Das sind die Folgen der angeborenen Anlagen, die jeder sich in früheren Leben erworben hat. Die Handlungen sind der Gegenschlag auf die Umgebung.

Ein Beispiel: Ein Tischler hat den ganzen Tag gearbeitet. Der halb fertige Tisch, den er morgens vorfindet, veranlasst ihn, an diesem Tisch weiterzuarbeiten. Er arbeitet nicht aus dem Nichts heraus. Der halb fertige Tisch bestimmt mein Schicksal für morgen, kann sich der Tischler sagen. So ist der vorhergehende Tag das Karma für den nächsten.

Jene Tiere, die in eine finstere Höhle hineingekrochen sind und nicht wieder herausfinden konnten, verloren allmählich ihr Augenlicht, weil sie es im Finsteren nicht brauchen konnten. Ihren Nachkommen fehlten die Sehorgane gänzlich, im Finsteren brauchten sie andere Organe.

Diese Tiere haben sich ihr Schicksal selbst bereitet. Ihre Einwanderung in die finstere Höhle war ihr Karma. In der Vergangenheit haben sie es sich für die Zukunft geschaffen.

Was ich tue, verändert die Außenwelt. Haue ich einen Zweig ab, so habe ich den Weltlauf geändert. Der Baum wächst nicht weiter so, wie es in seiner Natur liegt. Mit jeder Tat ändern wir den Lauf der Welt. Die Welt würde anders verlaufen, wenn ich meine Taten nicht vollzogen hätte.

So ist es auch im geistigen Leben. Durch unser Denken und Handeln verändern wir die Welt. Weil alle meine Handlungen Einfluss auf die Welt haben, so besteht mein Karma in den Veränderungen, die ich in der Welt durch meine Handlungen hervorgebracht habe.

- *Gedanken* bilden den *Charakter,*
- *Handlungen* bilden *Gegenhandlungen.*

Diese fallen im nächsten Leben auf den Handelnden zurück. Ein Beispiel: Ich habe einen Menschen beleidigt. Dadurch habe ich eine Veränderung hervorgebracht. Ich habe die Weltordnung aus dem Gleichgewicht gebracht. Jetzt bin ich verpflichtet, die Welt wieder zu dem

Standpunkt zurückzuführen, aus dem heraus ich sie gestört habe. Ich habe die Welt unvollkommen gemacht, sie fordert von mir, dass ich sie wieder vollkommen mache.

Ich bin so lange an meine Verpflichtung gebunden, bis ich die gestörte Harmonie wieder hergestellt habe. Ist die Harmonie in diesem Leben nicht wiederhergestellt, so bleibt die Schuld bis zum nächsten Erdenleben bestehen, sie muss dann ausgeglichen werden.

So hängen die wiederholten Erdenleben miteinander zusammen. Wurde ich in diesem Leben in Not und Elend geboren, so war das die Folge davon, dass ich früher die Welt in Disharmonie gebracht habe. So waltet die Weltgerechtigkeit.

Für jede Tat haftet der Mensch. Für diese gibt es keine andere Verzeihung als die Gegentat, die als Sühne geleistet wird. Das ist die Sünde gegen den heiligen Geist, die nicht vergeben werden kann (vgl. Matthäus 12, 31-32; Lukas 12,10; Markus 3,29). Was der Mensch durch seine innere Welt tut, muss von ihm aus der inneren Welt ausgeglichen werden.

Das natürliche Leben wird von der Natur im Menschen bewirkt. Irrt er da, so wird es ihm vergeben. Was aber der Mensch selbst vollbracht hat, dafür haftet er selbst. Tut er bewusst Böses, was gegen die

Weltordnung läuft, so ist das eine Sünde gegen das Ich, gegen den heiligen Geist. Durch die bewusste Handlung ist das Ich verletzt worden.

Theosophie (Geisteswissenschaft) ist kein Dogma, sie bildet keine Sekte. Sie ist Leben, volles Leben. Eine bloße Theorie kann nichts nützen. Wenn ich alles noch so genau wüsste und ich wollte es nicht im Leben anwenden, es würde mir nichts nützen. Man muss sich praktisch von der Wahrheit überzeugen.

Wie haben wir uns dazu zu verhalten? Wir müssen gründlich verfahren, allen Dingen auf den Grund gehen. Wenn ich den Grund, die Ursache weiß, wodurch die schlimmen Dinge in die Welt kommen, so wirkt das zunächst deprimierend, denn ich muss mir sagen, ich habe mir mein Schicksal und meinen Charakter selbst bereitet.

Andererseits wirkt dieses Bewusstsein auch erhebend: Ich bin der Herr der Zukunft. Das, was ich jetzt tue, bildet die Grundlage für die Zukunft. Arbeite ich heute an der Veredlung meines Charakters, so weiß ich, dass diese Arbeit nicht vergeblich ist. Das gibt einen seligen Trost denen, die von der Sache innerlich überzeugt sind.

Die tiefste Seelenruhe sprießt aus dieser Lehre. Das Leben wird ein anderes auch in der Beziehung zu unseren Nebenmenschen.

Wir sind nur zu leicht geneigt, zu richten, wenn wir an anderen sehen, was uns nicht gefällt. Haben wir Verständnis vom Karma erlangt, dann wird es anders. Da sagt einer: Du bist jetzt schlecht, du lügst und betrügst. Aber vielleicht stehst du mir nicht zum ersten Mal gegenüber; und wer weiß, ob ich nicht selbst schuld daran bin, dass du heute so schlecht bist.

Wenn das jemandem lächerlich erscheint, so ist das ein Zeichen dafür, dass er noch nicht tief in das Karmagesetz eingedrungen ist. Wer zur Erkenntnis des höheren Selbst gekommen ist, der wird nicht mehr gleichgültig an seinen Nebenmenschen vorübergehen oder sie kritisieren. Er wird den Zusammenhang zwischen Mensch und Mensch begreifen lernen. An einer Straßenecke trifft er einen Menschen und denkt: Vielleicht kann ich dir helfen, vielleicht kann ich es jetzt wieder gutmachen, wenn ich im vorigen Leben etwas versäumt habe.

Diese heute mögliche Idee, auf das Leben angewendet, macht das Leben klarer, durchsichtiger. Wir lernen dadurch den Menschen besser verstehen, wir können ihm besser helfen. Es ist Unsinn zu sagen: Ich darf ihm nicht helfen, er hat sein böses Karma selbst verschuldet.

In dem Augenblick, wo du vor ihm stehst, ist es dein Karma, dass du ihm hilfst. Hilfst du ihm nicht, so wird ihm sonst geholfen, du aber hast deine Pflicht versäumt. Hilfst du ihm, so kannst du dir sagen:

Wenn ich ihm helfe, so wird sich sein zukünftiges Leben besser gestalten.

Die Karmalehre will uns zur Mithilfe erziehen. Durch unser eigenes praktisches Leben wird uns diese Lehre immer klarer. Wer nach ihr lebt, dem wird sie sich im Leben bewahrheiten. Durch immer wiederkehrende Erfahrungen wird sie durch das ganze Menschenleben bewiesen.

Der Christus Jesus, der Begründer des Christentums, hat diese Lehre in ein Bekenntnis zusammengefasst. Vom ganzen Weltall sprach er als vom Leib seines Vaters. Der Leib jedes Menschen ist eine Wohnung im Leib des göttlichen Vaters.

Dem Menschen ist der Vater unbewusst, er braucht einen Führer zum Vater. Nur durch den Sohn kommen wir zum Vater (vgl. Johannes 14,6). Er will unser Führer zum Vater sein.

Zum Vaterleib zurück kehrt die Seele nach jedem Erdenleben. Die Seele schreitet nach jedem Erdenleben durch eine Wohnung, die genommen ist aus dem göttlichen Vaterleib. Der Christus Jesus sagt: In meines Vaters Haus sind viele Wohnungen (vgl. Johannes 14,2).

NACHTRAG[1]

Ich weiß, dass vielen die Frage auf dem Herzen liegt: Wie steht das Christentum zu der Lehre der wiederholten Erdenleben? Weshalb wird sie nicht offiziell gelehrt? Wie ist das Christentum dazu gekommen, diese Frage nicht zu berühren?

Dies hängt mit der Entwicklung des Menschengeschlechts zusammen. In alten Zeiten, viertausend Jahre vor unserer Zeitrechnung, haben es alle Menschen gewusst. Die alten ägyptischen Sklaven, die unter grausamen Peinigern die Pyramiden bauen mussten, haben sich schon daran getröstet.

Zur Zeit des Christus war das Bewusstsein davon auch noch vorhanden. Auf dem Berg Tabor hat der Christus seinen intimen Schülern verboten, in den nächsten zweitausend Jahren von der Wiederverkörperung zu sprechen: «Auf dem Berg» heißt: im innersten Heiligtum. Die Jünger wollten dort «Hütten bauen» – das bedeutet den zweiten Grad der geistigen Schülerschaft.

---

1 Was in der Handschrift als «Nachtrag» (s. S. 60) angeführt wird, ist wohl die Beantwortung einer Frage nach dem Vortrag. In einer Nachschrift bezüglich des öffentlichen Vortrags in Regensburg am 17. Dezember 1905 heißt es nach wörtlicher Anführung der drei Fragen: «Auf diese Fragen gab Dr. Steiner nach einem öffentlichen Vortrag folgende Antworten: Dies hängt mit der Entwicklung des …»

Indem Jesus ihnen verklärt erschien, mit Elias und Moses, zeigte er ihnen den Zusammenhang des durchgehenden Lebens:

- *Elias* (El) ist der *Weg;*
- *Moses* ist die *Wahrheit;*
- *Jesus* ist das *Leben.*

Und sie sahen dann Jesus allein, der da ist der Weg, die Wahrheit und das Leben in einer Person. Dann sagte er: Saget es niemandem, bis ich wiederkomme (vgl. Matthäus 17,9).

Der Christus kommt wieder, wenn der Mensch eine Stufe weiter in seiner Entwicklung ist. Den Mystikern war das alles bekannt.

Die heutige Menschheit, die durch das äußere Christentum durchgegangen ist, hat ihre Seligkeit in der Person des Christus Jesus gefunden.

In der sechsten nachatlantischen Kulturperiode (s. Fachausdrücke) wird das anders sein. Angelus Silesius sagte schon:

> Wird Christus tausendmal zu Bethlehem geboren
> Und nicht in dir: du bleibst noch ewiglich verloren.
> Das Kreuz zu Golgatha kann dich nicht von dem Bösen,
> Wo es nicht auch in dir wird aufgericht't, erlösen.[2]

---

2 *Des Angelus Silesius Cherubinischer Wandersmann.* Nach der Ausgabe

Wenn der Christus in uns zum Erlebnis geworden ist, erst dann kann er in einer anderen Gestalt wiedererscheinen. Und Goethe sagt:

> Wär' nicht das Auge sonnenhaft,
> Wie könnten wir das Licht erblicken?
> Lebt' nicht in uns des Gottes eigne Kraft,
> Wie könnt' uns Göttliches entzücken?[3]

So kann der Mensch erst dann den Christus in der Welt sehen, wo er zu sehen ist, wenn er selbst christushaft wird. Bis dahin sollte die Lehre nicht gelehrt werden. Warum sollte dies so sein?

Das Christentum ist universell, es soll das ganze Leben durchdringen. Sollte es das Leben zwischen den Erdenleben heilig machen, so

---

letzter Hand von 1675 (Leipzig 1905), S. 9.

3 *Goethes Werke,* Dreiunddreißigster Teil, *Naturwissenschaftliche Schriften,* Dritter Band, herausgegeben von Rudolf Steiner, Stuttgart [um 1890], *Entwurf einer Farbenlehre, Einleitung,* S. 88. Unmittelbar vor diesen Versen schreibt Goethe: «Das Auge hat sein Dasein dem Licht zu danken. Aus gleichgültigen tierischen Hilfsorganen ruft sich das Licht ein Organ hervor, das seinesgleichen werde, und so bildet sich das Auge am Lichte fürs Licht, damit das innere Licht dem äußeren entgegentrete.

Hierbei erinnern wir uns der alten ionischen Schule, welche mit so großer Bedeutsamkeit immer wiederholte, nur von Gleichem werde Gleiches erkannt, wie auch der Worte eines alten Mystikers, die wir in deutschen Reimen folgendermaßen ausdrücken möchten: Wär' nicht das Auge …»

musste es auch dieses Erdenleben heilig machen. Um die Wichtigkeit und Heiligkeit dieses Erdenlebens zu erkennen und alles daranzusetzen, es zu heiligen, sollte das Menschengeschlecht von den vielen Erdenleben einmal durch ein Leben gehen, ohne von der Wiederholung desselben zu wissen. Das ist nun für viele erreicht.

Grundfalsch ist es, daraus den Schluss der ewigen Höllenstrafen zu ziehen. Durch dieses einmalige Hindurchgehen durch das Leben ohne Kenntnis von der Wiederverkörperung sollte der Mensch lernen, das Leben wichtig zu nehmen.

Man nimmt an, dass die Wiederverkörperung nach 1500 bis 2000 Jahren für jede Seele stattfindet, und dass in diesem Zeitraum alle Menschenseelen einmal durch ein solches Erdenleben ohne Kenntnis der Wiederverkörperung hindurchgegangen sind.

Und so ist jetzt die Zeit gekommen, wo diese Lehre wiederum neu verkündigt wird. Der Christus vollstreckt sein Testament. Er hat gesagt: Siehe, ich bin bei euch alle Tage bis an der Welt Ende (vgl. Matthäus 18,20). Er hat die Christenheit bisher durch die Verdunkelung geleitet, nun lässt er diese Lehre wieder aufleuchten, wo das Christentum in Gefahr ist zu erstarren.

Die für viele neue Lehre soll das alte Christentum wieder zum Leben bringen, dass es neue Blüten und Früchte treibt, wenn es jetzt diese

Lehre wieder aufnimmt. Das ist ein Ideal, das sich erst allmählich verwirklichen wird. Wenn diese Lehre, zunächst als Theorie aufgefasst, angenommen wird, so wird es nicht lange währen, dass wir von den Kanzeln herab geisteswissenschaftliche Begriffe und Gedanken hören werden.

Alles wird die Geisteswissenschaft mit neuem, frischen Leben erfüllen, und wenn sie nicht mehr als etwas Besonderes dasteht und erscheint, dann hat sie sich selbst als Lehre überflüssig gemacht.

Anhang

Besondere Fragen
über Wiederverkörperung und Schicksal

Die alltäglichsten Dinge sind für den Tieferblickenden die allergrößten Rätselfragen. Man braucht die tiefste Wissenschaft, um diese alltäglichsten Fragen zu lösen.

Die Naturwissenschaft gibt die Grundlage zur Lösung vieler Fragen. Andere Fragen können nur durch Geisteswissenschaft gelöst werden, der man den oft missbrauchten und oft missverstandenen Namen «Theosophie» gibt.

Das große, gigantische Schicksal (Karma), das den Menschen erhebt, auch indem es ihn zermalmt, wird oft eine Summe von Zufällen genannt.

Mancher wächst auf ohne sorgende Liebe an seiner Wiege, er kann seinen Mitmenschen nur geringe Dienste erweisen. Über einen anderen wacht sorgende Liebe, seine Fähigkeiten werden entwickelt, er kann ein befriedigendes Dasein antreten und ein nützliches Glied in der Welt werden. Warum?

Dazu ist das Gesetz von der Verkettung der Tatsachen, von Ursache und Wirkung, zu erforschen. Nehmen wir einige Fälle.

Ein Mensch wählt im 28. Lebensjahr einen anderen Beruf als im 20. Lebensjahr. Aber nach acht weiteren Jahren entsteht eine Disharmonie. Er ist wie eine elastische Kugel, die zusammengedrückt wurde und sich dann wieder ausdehnt. Das tritt auf so viele Jahre vor wie nach dem Knotenpunkt. Ungefähr in der Mitte des Lebens, mit 35 bis 37 Jahren, ergibt sich eine Art Knotenpunkt. So wirken Ursachen aus der Jugend zurück im Alter.

Im 15., 16. und 17. Lebensjahr hatte man Jugendideale, die sich in das Leben hineinsenkten. Dadurch gibt es dann später kein Hin- und Hertändeln. Auch wenn diese Jugendideale nicht erfüllt werden – für unsere Seele sind sie es, sie werden starke Kräfte in unserer Seele. So wächst ein in sich gefestigter Mensch heran. Besonnenheit wird nach der Lebensmitte die Lebensfrucht von solchen Idealen sein können.

Vom 7. bis zum 14. Lebensjahr ist die Autorität für das Kind ein Lebensbedürfnis. Was wahr ist, ist nicht durch seine Gründe wahr, sondern durch eine verehrte Autorität. Das gilt auch für das Gefühlsleben: Man hat Freude an jeder Blüte, weil göttlich geistige Wesen dahinter sind. Von der Mitte der 40er Jahre an entsteht die Möglichkeit, auszusaugen, was damals in Lebensfrische ein fester Charakter wurde.

Diese Dinge treten tief als Wirkungen hervor, weil sie tief in unsere Seele hineingegangen sind. Erfahrungen im 7. Lebensjahr haben ihre Wirkung am Lebensabend des Menschen.

Aber wenn wir dem Kind sagen: Das ist schön, das ist hässlich, so ergibt das praktisch nichts zum Heil des Menschen. Man soll aus der Seele des Kindes heraus das Bedürfnis erwecken, dieses oder jenes zu tun. Dazu steigen wir eine Stufe tiefer. Davon zehrt der Mensch im höchsten Alter. So geben wir dem Kind eine Wegzehrung für das höchste Alter.

Ein großer Dichter sagt: Was wir mit dem Verstand erkannt haben, zu dem blicken wir mit Andacht auf. Andacht tritt uns im späteren Alter als Wirkung entgegen, wir verbreiten später eine Stimmung von Liebe und Seligkeit.

Solche Zusammenhänge findet man in der Geisteswissenschaft. Sie stehen unter dem Gesetz vom Karma. Es ist eine Modifizierung (Änderung) des Obigen möglich, zum Beispiel durch eine Heirat im 23. Lebensjahr. Das wirft aber das Gesetz nicht um, das beim Knotenpunkt der Berufsänderung im 28. Jahr waltet.

Im 17. Jahrhundert galt ein Gesetz, das jetzt widerlegt ist. Man meinte, aus Flussschlamm könnten Würmer, Insekten und so weiter erwachsen. Heute ist selbstverständlich, dass dazu ein Regenwurmkeim notwendig ist. Im 17. Jahrhundert meinte man, dass, wenn man Ochsenleiber mürbe schlägt, dann Bienen herauskommen, aus Pferdeleichnamen Hornissen, aus Eseln Wespen. Francesco Redi, gestorben 1697 in Pisa, sagte: Lebendiges kann nur aus Lebendigem wachsen. Er galt als gewaltiger Ketzer.

So ist es mit der geistigen Welt: Geistig-Seelisches wird vom vorigen Leben herübergebracht. Es zieht Eigenschaften von Vater und Mutter heran, es füllt sich damit. Jetzt wird das Karmagesetz noch geächtet, in späterer Zeit wird man gar nicht glauben, dass es jemals nicht geglaubt wurde.

Zwischen Geburt und Tod findet eine Entwicklung statt. Erlebnisse werden zusammengeronnen in eine Fähigkeit, zum Beispiel die Schreibfähigkeit – die einzelnen Erlebnisse werden vergessen. Erlebnisse führen einen Zustand herbei, bei dem ohne Zwang etwas geschieht. Alle Sinneseindrücke, alle Lust und alles Leid versinken im Schlaf in Bewusstlosigkeit. Das Seelenleben wird durch äußere Anregungen angezündet. Im Schlaf ist Bewusstlosigkeit, weil die äußeren Eindrücke schweigen.

Der Geistesforscher muss bewusst den äußeren Eindrücken mit seinem Willen Schweigen gebieten, aber innerlich muss die Seele mit dem angefüllt sein, was stärker ist als alle äußeren Eindrücke. Der erste

Akt ist Seelenentleerung, der zweite ist vollständige Windstille, sonst gibt es Sturm. Dann kommt die Erweckung oder Initiation.

Er ist wie auf niederer Stufe ein Blindgeborener, der operiert wird. Dann kommen geistige Tatsachen, geistige Wesen, dann kommt Sehen und Hören mit geistigen Augen und Ohren. Dann kommt das Wissen über die anderen Glieder des Menschen.

Während des Wachens verbrauchen wir unsere Seelenkräfte. Im Schlaf erhalten wir sie ersetzt, wir holen aus unserer Heimat, was die verbrauchten Kräfte ersetzt. Im Schlaf wandeln sich die Erlebnisse um, setzen sich in Essenz in Fähigkeiten um, zum Beispiel in die Fähigkeit des Schreibens. Nie könnten wir uns entwickeln, wenn wir nicht schlafen würden.

Beim Einschlafen steigt das Ich in die Untergründe des Bewusstseins hinein. Der Astralleib hat sein Unterbewusstsein. Das Ich ruht aus, der Astralleib taucht unter in die eigene Welt, um unsere Erlebnisse umzuwandeln. Der Astralleib arbeitet, wie wir nicht arbeiten können. Er wandelt Erlebnisse in Fähigkeiten um.

Das Ich kann nicht die eigene Entwicklung und zugleich die Verhältnisse der Umwelt besorgen. Das Ich schält sich aus der gesamten Sphäre der Umwelt heraus. Ein Zufall, den wir nicht begreifen, ist wie das Ich, das verzichten muss, sich in ein Verhältnis zur Welt zu stellen.

Zufall ist alles, was räumlich Schlafen genannt werden kann. Wir treten durch die Pforte des Todes mit dem Extrakt.

Einige Notizen aus dem Vortrag

«Karma und Reinkarnation»

Gehalten von Dr. Rudolf Steiner in Linz
am 31. Mai 1911 in Blauen Saal des Kaufmännischen Vereinshauses.[1]

Theosophie ist keine graue Theorie, sie soll ein unmittelbarer belebender Faktor im menschlichen Leben sein, sie soll sich ergiessen in unser gesammtes Seelenleben und soll uns Sicherheit und Hoffnungszuversicht und freudige Hi[n]gebung an die Welt und unser Leben geben.

Dadurch, dass man sich die Erkenntnis von Karma und Reinkarnation erwirbt, erwirbt man sich nicht nur Erkenntnis, sondern auch Lebenskraft und Lebenssicherheit.

Unsere physischen Ereignisse hängen von geistigen Gesetzen ab, und so spielen die geistigen Gesetze in die physische Welt herein. Wie hängen Ursachen und Wirkungen zusammen? Karma ist dasjenige Gesetz, welches uns zeigt, das Leben zu erklären. Definitionen sind gar nichts wert, sind allein die Beschreibungen des Daseins. Man muss das

---

1 Diese Notizen werden unredigiert und ohne Rechtschreibanpassung wiedergegeben. Das handschriftlich Hinzugefügte bleibt unberücksichtigt.

Gegenwärtige Karma aufsuchen von der Geburt bis zum Tode eines Menschen. Man muss Lebensabschnitte eines Menschen betrachten.

Wir wollen ein sehr auffallendes Beispiel betrachten: Ein Jüngling ist mit seinem 18. Jahre aus den gewöhnlichen Bahnen seines Lebens herausgeworfen worden und muss nun einen Beruf ergreifen.

Es fehlt nicht an Liebe, aber an jener verständnisvollen Liebe, die tatkräftig ist, aber die findet man nicht, wenn man nicht richtig denkt.

Es gibt solche Lebensknoten, die sehr verstohlen sind. Man muss frühere mit späteren Lebensabschnitten vergleichen.–

Das wissen Sie Alle, dass einen nichts so freut, als wenn man sich in einem späteren Alter erinnert, dass man in der Jugend von der Grund der Seele hat etwas verehren können dürfen; solche Stimmungen wandeln sich in einem späteren Alter Leben zur Erkenntnis, solche Stimmungen tragen in einem späteren Leben Früchte; das erzeugt in uns die Begabung zum Lieben im späteren Leben, zu jenem Lieben, jenem fruchtbaren Lieben. Unsere Schwärmereien erhalten uns jung; diejenigen, die lang verehren durften, erhalten sich leichter jung. Zum Beispiel, wenn man in der Jugend andächtig zu sein gelernt hat, wenn man oft in die Lage gekommen ist, seinen Blick nach oben zu richten, dann kommt das in einer ganz bestimmten Weise im Alter zurück. Andächtige Menschen haben eine ganz bestimmte Gabe, sie verbreiten eine Atmosphäre von Glück und eine segnende Kraft. Eine andächtige Kindheit, ein segnendes Greisenalter. Keine Hand wird segnen im Greisenalter, die nicht andächtig in der Kindheit gefaltet hat. Es ist eine ganz bestimmte Regelmässigkeit; was wir in unseren ersten 7 Jahren gefühlt haben, kommt in den letzten 7 Jahren wieder, in der Mitte ist ein Knotenpunkt, das Spätere erscheint früher. Es ist selten, dass man bei der Lebensbetrachtung von Menschen Rücksicht auf diese Regelmässigkeit nimmt; das kann man beobachten beim Lesen der Selbstbiographien, es gibt eine trockene Art der Lebensbetrachtung. Dass Stimmungen in früheren Tagen in späteren Früchte tragen, ist den Meisten neu.

Es gibt ein schönes Beispiel, eine[n] Menschen neu zu betrachten, ich meine, indem man die Selbstbiographie von Richard Wagner liesst. Und, wenn wir schon im gewöhnlichen Leben sehen, wie die Ursache hinüber wirkt vom Früheren in's spätere Leben, und Andacht der Jugend wird Segensgewalt im Alter, kann eine solche Kraft, die wir uns erwerben, dann im Alter voller Kraft zum Ausdruck kommen. Später werden es die Menschen besser sehen, es sind aber jetzt nur Andeutungen vorhanden.

Wir wirken mit unserem Leib, unser Körper ist das Werkzeug unseres Geistes, wenn er einmal aufgehört hat mit dem früheren Leben, xxxxxxxxx Wir müssen dieses Werkzeug so lassen, der Leib hat seine

Grenzen, ... Diese Kraft bildet Werkzeuge, dadurch werden oft Werkzeuge, in einem künftigen Leben, die in diesem nur angedeutet sind.

Das, was wir uns erworben haben, die geistige Wirksamkeit der Welt

Die heutige Wissenschaft fragt, warum empfinden wir eine Bewegung? Sie antwortet, man hat den Bewegungsnerv, damit wir unsere eigenen Bewegungen empfinden; was bewegt aber den Bewegungsnerv? – Der Astralleib, – was wirkt im Astralleib? – Der Nerv vermittelt nur die Empfindung. – Der Weltenton, der einem nicht als Ton zum Bewusstsein kommt, sondern, als Bewegung, der geheimnisvolle Weltenton, wo finden wir den Weltenton? Versuchen Sie einmal, er wird da als Wirkung aufgefasst, wo er die Ursache ist.

Viel mehr hängt von uns ab, je mehr wir die Idee des Karmas in uns verkörpern. Die Idee des Karmas ist als etwas so natürliches in der Natur angedeutet. Ein jedes Wesen bestimmt sich seine Umgebung durch seine Natur. Das Edelweiss wächst nur in der ihm passenden Gegend. – Das[s] wir mit diesem oder jenem Menschen zusammenkommen, ist für uns so selbstverständlich, denn wie das Edelweiss, so suchen wir uns unsere Umgebung aus. –

Nehmen wir an, wir hätten in irgend einem Leben mit einem Menschen zusammengelebt, und wir haben ihm ein Unrecht getan.

Bleibt es wirklich nur dabei, dass wir ihm Unrecht getan haben. Wir haben ihm einen Stein geworfen, und, wenn wir dieses Unrecht nicht getan hätten, so wären wir ein anderer Mensch. Dieser Impuls der Sehnsucht, in der Welt etwas zu tun, was dieses Hindernis beseitigt, bildet auch die Kraft, mit diesem Menschen im künftigen Leben wieder zusammen zu kommen. (Sehnsucht gehört zu wirklich Körper bildenden Kräften.) – Eines sei erwähnt, was wir gesagt haben, eine solche Kraft oder magische Sehnsucht treibt mit diesem Menschen zusammen. Er hat ganze Reihen von Beziehungen geschaffen, wohin die Sehnsucht mit diesem Menschen zusammenzutreffen getrieben hat. –

Wir müssen uns klar sein, dass wir im Leben an unendlich Vielem vorübergehen, das wir gar nicht bemerken.

Der Mensch geht an unendlich Vielem vorüber, für das die Grade des Interesses sehr verschieden sind. Bei genauer Lebensbeobachti-[u]ng bemerken wir die Tatsache, dass man oft von solchen Dingen träumt, die man beim Tagwachen verschlafen hat; und die Seele hängt in einer ganz anderen Weise mit der Welt in Verbindung, als unser Bewusstsein. Wenn die Seele dort mit besonderer Deutlichkeit erlebt, was sie hier nicht erlebt, es ist nur ein Trugbild, wenn wir hier nichts zu tun haben mit diesen Leuten. –

Es gibt Menschen, die es als besondere Grausamkeit empfinden, wieder un[d] wieder zukommen auf diese Welt. Solchen Menschen hat man einfach zu sagen, dass, weil er heute nicht wiederkommen will, so ist es kein grausamer Trost, sondern es ist ein Trost, der uns das Leben lebenswert macht. Einem ganz Trostlosen kann Theosophie momentan nicht helfen, aber auf das kommt es ja schliesslich nicht an, sondern, dass wir in die Lage kommen, unserer Seele Glückmomente zu verschaffen. –

Wenn [?] sie aber Impulse geworden sind, dann kommen die Momente, wo wir uns zurückziehen. Es kommt nicht darauf an, dass wir uns in einem Momente des Schmerzes trösten, sondern, dass wir uns überhaupt einmal trösten können. Das Karma erhebt uns so, dass, wenn wir noch so Schweres im Leben durchzumachen haben, wir eine einsame Höhe erreichen. Theosophie bleibt nicht Theorie, sondern Leben.

Was allgemeine Menschliebe ist. Kann als Frage aufgeworfen werden, was überhaupt Liebe ist. – Man wird 2 Antworten bekommen, einer wird uns antworten, dass er gar nicht weiss, was Liebe ist. – Die Anderen werden antworten, das sind die mit geringerem Blick. –

Die Frage, was wirklich Liebe

Die Frage, was wahrhaft die Liebe ist, das ist am allerschwersten zu beantworten, auf diese Frage weiss man keine Antwort. – Es ist eine

Tatsache, dass es wichtiger ist, den Ofen zu heizen, als den Ofen zu bitten, zu wärmen. Schopenhauer hat gesagt, Moral zu predigen ist leicht, aber Moral zu begründen, ist schwer. Heizmaterial der Seele zu geben, das ist die Hauptsache, das wandelt sich dann um in Kraft. Das Heizmaterial ist das, was wir an Gedankenkraft unsere Seele erfüllen. – Von der Entstehung des Menschen, die Kraft der Liebe. – Die Liebe ist die unmittelbar befruchtende Kraft, die wir in die Seele träufeln. Das Heiligste ist der Name der göttlichen Liebe. – Deswegen scheuen sich auch die Theosophen davon zu sprechen. –

Wir kommen nicht eher ein zweitesmal, als bis wir die Kräfte des ersten Lebens verarbeitet haben, den[n] nicht nur als Menschen rücken wir vor, sondern, wie sich die physische Welt ändert, so ist es auch mit dem geistigen Leben. Jedesmal nehmen wir ein neues Pensum mit, man fängt nicht jedesmal von vorne an. Es gibt in bezug, wie wir in dieser Welt leben auch andere Seiten. Da gab es Zeiten, wo man ausserordentlich viel für das innere Seelenleben tat. Nach dem III. und IV. Jahrhundert n. Ch. bis zur Reformation, in bezug auf äusserliche Kultur wurde fast nichts geleistet. Auch das XVI. Jahrhundert brachte keine neuen Ideen auf die Welt, die grossen Massen der Menschen lebten ganz hingegeben an das Leben der Aussenwelt. Das wirkt auf die Seelen, was würde mit den Seelen der Menschen geschehen, wenn nur die Aussenwelt auf die Menschen wirken würde? Es würde von diesem Leben gar nichts in das künftige mit hinübergenommen werden. Für solche Seelen ist notwendig, dass die Seelen den Gegenpol annehmen.

Dasjenige, was der Einzelne erobert, erobert er für die ganze Menschheit.

Faksimilierte Klartextnachschriften

Wiederholtes Erdenleben als Schlüssel des Menschenräthsel. d. 9/12 05.

Verehrte Anwesende, unter denjenigen Anschauungen, welche die theos./ Bewegung neuerdings den Menschen zum Bewußtsein zu bringen ver/sucht, sind die beiden Worte: *Wiederverkör/perung* u. *Karma* zusammen/gefaßt in den Titel des heutigen Themas als *Lö/sung des Menschenräthsels.*/ Die beiden Worte werden von unseren Zeit/genossen sehr verschieden aufge/

46

faßt; die Einen sind gleich bei der Hand, die Theosophie für phantas/tisch u. unsinnig zu erklären, sie sagen: wie kann man denn so/ etwas überhaupt wissen? Andern tritt diese Erkenntnis wie eine Erlö/sung entgegen, es ist das Wort, das das Räthsel löst, das sie gefunden,/ der Alpdruck, unter dem sie schmachteten, ist von ihnen genommen. Es löst sich/ uns das Räthsel, weshalb ein Teil der Menschen in tiefstem Elend steckt,/ während andere scheinbar im höchsten Glücke dahinwandeln; wenn wir beden/ken, daß in vergangenen Zeiten der Grund gelegt worden ist, so/wohl zu den/ *Anlagen,* mit denen der Mensch auf die Welt kommt, als auch zu seinem Schick/sal, das ihn in diesem Erdenleben trifft.

Die Andern nun, denen die Sache so phantastisch erscheint, bedenken nicht,/ daß ihre Umgebung, in der sie leben, nicht die einzige auf Erden ist. Es/ giebt viele Menschen, die an einem wiederholten Erdenleben festhalten; eben/ so viele als denen diese Sache aus dem Gesichtskreis gerückt ist. Den asiatischen/ Völkern ist die Wiederverkörperung keine graue Theorie, sondern eine Lebens/wahrheit, aus welcher sie Lebenskraft schöpfen. In früheren Zeiten bis zum/ Christentum war diese Anschauung weit verbreitet auch in Europa. Auch noch in/ den Anfangszeiten des Christentums. Es war nicht etwa nur eine Anschauung für/ Phantasten, die Besten der geistigen Führer bekannten sich dazu. Plato, Giordano Bruno, der für sein Eintreten für Copernicus den Tod erfahren hat, standen für sie/ ein. Ihre Lehre ist nicht von der Anschauung wiederholter Erdenleben zu trennen.

Lessing bekennt sich dazu in seiner «Erziehung des Menschengeschlechtes.» Goethe,/ Jean Paul,– nicht etwa phantastische Geister irgend welcher untergeordneter Reli/gionssysteme treten dafür ein, nein, es sind die *großen Geister*, weil sie sich das/ Leben nur *so* zu erklären vermögen. Man benimmt sich auffallend gegen die/ großen Geistesheroen, wie Plato, Lessing, deren Namen man mit mehr oder minder/ geheuchelter Ehrfurcht nennt,– auf den Namen Giordano Bruno ist sogar ein/ Bund getauft,– wenn man auf deren tiefsten Überzeugung eines wiederhol/ten Erdenlebens kommt u. dann achselzuckend sagt: «Das ist so eine Schwäche die/ser großen Menschen.» Giebt es eine größere Unbescheidenheit,/ als so zu urteilen? Wer so spricht, den frage ich, woher er das Beste, was er/ weiß, gelernt hat. Doch von denen, deren Namen mit dieser Lehre verwebt sind./ Über die wirft er sich zum Richter auf! Er nimmt von ihnen an, was ihm paßt/ u. läßt liegen, was ihm nicht paßt. – Die theos. Bewegung sucht in moder/ner Weise das Bewußtsein des wiederholten Erdenlebens der Menschen wieder/ nahe zu bringen. Noch sträuben sich die Wissenschafter diese Lehre anzuerken/nen. Wenn sie sie erst als hypothetisch gelten lassen wollen, so wird bald die Zeit kom/men, daß sie sehen werden, daß sie *ohne* diese Lehre zu keiner Lösung des Menschen/räthsels kommen können. Ein jeder Mensch trägt in sich einen un/vergänglichen Wesenskern. Was mit ihm geboren wird u. stirbt, ist nur die Hülle/ dieses Wesenskernes. Dieser war *vor der Geburt* u. ist nun *nach dem Tode*. Dieser Wesenskern hat schon wiederholt auf Erden gelebt u. wird immer wieder neu/

48

im Mutterleib geboren. Das jetzige Leben ist nur eines unter vielen./ Äußerlich aufgefaßt, wird es nicht gleich klar. Bei oberflächlicher Anschauung/ wird uns die Lehre unwahrscheinlich dünken. Die materialistische Denkweise des/ Westens macht uns unfähig die Sache richtig aufzufassen. Es giebt eine/ gewisse *höhere, geistige Unterweisung,* wie sie im Morgenlande gepflegt/ wurde. Viele Abendländer, die diese empfangen haben, denen ist es ganz/ natürlich geworden, daß sie, wenn sie allein, oder mit solchen zusammen sind,/ die dieselbe Schule durchgemacht haben, und von diesem innern Wesenskern wissen,/ ihn in Gedanken bewußt trennen von ihrer äußeren Erscheinung,– sie denken/ oder sagen: Nicht mein eigentlicher Wesenskern geht durch das Zimmer, sondern/ mein Körper. Mein Körper hat Hunger, mein Gehirn denkt u.s.w.

Es giebt geistige Unterweisungen, die uns lehren, daß der physische Körper/ nur das Werkzeug für den geistigen Wesenskern ist, daß alle Sinnesorgane nur/ dazu dienen, daß er sich auf der Erde betätigen kann. Der Durchschnittsmensch/ meint mit *Ich* seinen Körper, der geistig geschulte hat die Empfindung einer *Zweiheit/* eines geistigen *Ichs,* das mit dem äußern nichts zu tun hat; immer mehr u. mehr/ unterscheidet er von dem physischen Leib, den unvergänglichen Wesenskern./ Was *vor* der Geburt da war, hat *nichts* zu tun mit dem physischen Körper;/ *viel* mit den physischen Bedürfnissen. Daß Müller oder Meier wieder/kommen, das ist eine falsche Ansicht. Was da ist, was sich von Fritz, Schulz od. Joh. Meier/ wiederverkörpert, kann nur der erkennen, der sich los machen kann von dem Begriff,/

daß Er sein Körper ist. Dann erst, wenn er das vermag kann er einen Be/griff davon bekommen, was das ist, das sich wiederverkörpert.

Nun müssen wir uns noch einmal kurz vor der Seele führen, was bleib[t] u. wieder/ das irdische Dasein aufsucht u. was vergeht. 1) Der physische Kör/per zerfällt im Tode,/ weil er aus physischem Stoff besteht – er vergeht. 2) Der Ätherleib, der Lebensleib,/ der macht, daß die physischen Organe ihre Arbeit verrichten können, das Bewegende,/ das Lebende im Körper. Die Uhr bewegt sich auch, sie besteht aus einem Räderwerk;/ nehme ich ein Rad heraus, so hört sie auf zu gehn, lege ich die Uhr hin u. das Rad dane/ben, so können sie lange daliegen, sie verändern sich nicht. Haue ich aber eine Hand/ vom menschlichen Körper ab, so bleibt sie nicht, wie sie war, sie verdorrt, weil sie/ mit dem Körper, von dem ich sie getrennt habe, lebendig organisch verbunden war.–/ Dieser Ätherleib zerfällt auch. Er geht in den allgemeinen Äther über.

Der 3.te Körper ist zu erkennen, wenn wir erkennen, was im Menschen lebt, nicht/ blos den Zusammenhang zwischen Haut u. Knochen, was er in sich trägt an Leid u. Lust,/ an Begierd u. Leidenschaften, das sind Dinge, die ebenso in ihm leben wie Blut u./ Herz, sie sind ebenso lebendig. Das ist der *Astralleib.*

4) das *Ich,* das was den Menschen unterscheidet von den andern Reichen. Den physi/schen Leib hat der Mensch [1] *gemeinsam* mit dem *Mineralreich,* 2) den Ätherleib mit/ dem Pflanzenreich, 3) den Astralleib mit den Tieren. Das Ich arbeitet an dem/ Astralleib. Das müssen wir uns wieder u. wieder vergegenwärtigen. Das oft angeführte/ Beispiel kann uns das klar machen: Das was Darwin erlebte mit einem Wilden, der seines/

50

Gleichen auffrißt. Dieser Wilde besteht auch aus den vier genannten Grund/teilen des Menschen, aber sein Astralleib unterscheidet sich noch wenig von dem des Tieres./ Er folgt nicht [noch] blindlings seinen Trieben. Darvin versuchte dem Wilden klar zu/ machen, wie unrecht es sei, daß er seinen Bruder auffräße. Da meint der Wilde,/ Darvin könne gar nicht wissen, ob es schlecht oder gut sei, ehe er ihn nicht verspeist/ habe.– Daraus entnehmen wir, daß dieser Wilde noch gar keinen Begriff von recht/ u. unrecht hatte, er *konnte* noch keinen Unterschied machen zwischen gut u. böse./ Was ihm behagt, was ihm *gut schmeckt* ist für ihn *gut*, was übel *schmeckt* oder/ ihm nicht behagt, ist für ihn *schlecht*. Sein Ich hat noch nicht an seinem Astralleib ge/arbeitet; er hat es noch nicht veredelt. Die Kultur veredelt die Triebe u. macht sie/ dienstbar der Pflicht. Das Ideal der Pflicht lehrt den Menschen zu unterscheiden/ zwischen dem, was ihn *lockt* u. dem, was er *meiden soll.* So erkennt er, was *recht*/ u. *unrecht* ist. Ist der Mensch so weit gekommen, daß er zu unterscheiden vermag/ zwischen dem, dem er folgen darf u. dem, dem er nicht folgen darf, so hat er ge/lernt seinen Astralkörper zu beherrschen vom Ich aus.

Wenn wir den Menschen von heute betrachten, so werden wir finden, daß er/ einen Teil seines Astralleibes bearbeitet hat, u. den andern Teil noch nicht. Zwischen/ diesen zwei Teilen des Astralleibes müssen wir streng unterscheiden. Der eine Teil/ ist noch wie beim Tiere, das blindlings seinen Neigungen u. Trieben folgt, der/ andere Teil ist das Glied des Astralleibes, das der Mensch sich umgewandelt hat/ von rein natürlichem zu etwas edlerem. Zwischen diesen beiden Gliedern/

51

besteht eine scharfe, wichtige Grenze. Der Teil, an dem der Mensch noch nicht/ gearbeitet hat, der geht nach kurzem verloren. Der Teil des astralen Leibes, den/ wir uns nicht zum Eigentum gemacht haben, wird der Natur zurückgegeben./ Was wir an astraler Materie geläutert u. umgearbeitet haben, das bleibt unser/ *unvergängliches* Eigentum. Der Instinkt, der unveredelt ist, muß abfallen, was/ veredelt ist, bleibt u. wird mir einverleibt. So arbeitet der Mensch an der Ver/ewigung, an der Unvergänglichmachung seines Astralleibes. Daß diese Arbeit/ nicht in einem Menschenleben vollendet werden kann liegt auf der Hand. Logisch/ gegliedert erscheint durch diese Betrachtung die Lehre von den wiederholten Erdenleben./ Wer das Innere des Menschen durch eigene Anschauung kennt, für den ist die *Wieder/verkörperung* eine *Tatsache*, die ihm ebenso sicher ist, als daß so u. soviele Menschen/ hier im Saal sitzen. Durch *höheres Schauen* weiß er von dieser Tatsache, er ist nicht/ durch logische Spekulationen dazu gekommen.   Aber heute Abend wollen/ wir uns die Logik der Sache klar machen. Vergleichen wir einmal den Wilden,/ der noch ganz wenig gearbeitet hat mit, sagen wir Franz v. Assisi, der fast nichts/ mehr in sich hatte, das er nicht veredelt hatte. Er hatte den Erdenrest bis zum Gering/sten heruntergebracht. Um auf diese Stufe zu kommen, müssen ihm doch ganz andere Anlagen/ u. Kräfte zur Verfügung gestanden haben, als jenem Wilden. Wäre es nicht ebenso unsin/nig anzunehmen, daß diese Anlagen aus dem Nichts herausgekommen wären, wie es unsin/nig sein würde anzunehmen, daß ein niederes Tier aus dem Schlamme entstehen könne,/ oder daß ein Löwe nicht von einem/ Löwen abstamme. Wenn man das behaupten wollte,/

52

würde man das doch auf physischem Gebiet für eine Torheit halten. Man scheut/ sich, auf physischem Gebiet Wunder anzunehmen; aber nicht ein solches viel größeres/ Wunder auf höherem Gebiet! Das, was sich bei dem Tier vererbt, so daß von einem/ Löwen nur Löwen abstammen, von einem Tiger nur Tiger u.s.w. sind *Gattungsmerkmale./* Beim einzelnen Menschen kann aber nicht von Gattung die Rede sein. Jeder Mensch hat/ individuelle Merkmale; nur wer darüber wegsieht, kann das übersehen. Für den/ Menschen ist das Individuum so wichtig, wie für das Tier die Gattung. Das Tier/ wiederholt die Gattung, der Mensch wiederholt das Individuum. Der einzelne Mensch/ zeigt nicht nur die Merkmale seiner Eltern wieder auf, sondern er ist auch etwas/ für sich. Das muß erklärt werden. Außer dem von unsern Eltern Ererbten lebt/ in uns etwas geistig seelisches, d.h. in jedem von uns lebt etwas geistig-seeli/sches, was auf ein höheres Dasein zurückzuführen ist. Ebenso wie der [physische] Mensch durch/ Vererbung physische Merkmale erworben hat, so hat sich der geistige Mensch, geisti/ge Eigenschaften erworben. Und zwar hat er sie in früheren Erdenleben dadurch/ erworben, daß er gelernt hat, seinen Astralleib zu beherrschen. Und diese *Fähig/keit* hat er in dieses Leben mit herübergebracht. Es ist immer nur der Wesens/kern, der wieder auf der Erde erscheint. Da möchte wohl mancher ein/wenden: Ja, wenn dem so ist, so müßte der Mensch sich doch an die früheren/ Lebensläufe erinnern? Die Frage ist falsch gestellt.– Denken Sie sich, sie hätten/ ein vierjähriges Kind vor sich. Und da fragte jemand, warum kann der Mensch/ nicht rechnen? Freilich das 4jährige Kind kann nicht rechnen, laßt es 10 Jahre alt werden,/

dann kann es rechnen.– Für jeden Menschen kommt die Zeit, wo er erkennen/ wird; je mehr u. mehr er aufsteigt, je mehr wird er zur Erkenntnis auch der/ früheren Erdenleben kommen. Noch ist das für die Mehrzahl unmöglich./ Man muß erst *das* kennen, *was* sich verkörpert, ehe man erkennen kann, was/ damit *geschieht*. Der Mensch verlangt sich zu erinnern, aber das, dessen er sich/ erinnern will, ist von ihm abgefallen, das was für ihn Bedeutung hat./ Bei *Dem* erst kann von einer Rückerinnerung die Rede sein, der sich als *Geist* begreifen kann.– Wer immer äußere Eindrücke braucht, um zu/ empfinden, dem wird das Unvergängliche nicht bewußt, der kann nichts davon/ erfahren. Nur in *Dem*, der den Geisteskern erobert, leuchtet es auf./ Hie u. da treten gewisse Erscheinungen auf, wo das Gedächtnis hellseherisch wird./ Zum Beispiel in Todesgefahr, da taucht bisweilen das ganze Leben vor dem Gedächt/nis auf. Wir müssen uns das klar machen. Wenn der Mensch, so wie er jetzt/ ist, sich erinnern soll, so muß er den Ätherkörper zu Hilfe rufen. Das Gedächt/nis/ liegt im Ätherleib. Die Instinkte sind im Astralleibe. Erinnerungen können/ wir nicht haben ohne Ätherleib, doch sind sie getrübt u. mangelhaft, weil behin/dert durch den physischen Leib u. übertäubt durch die wogenden Gefühle des/ Astralleibes. Im Sterben *hebt sich heraus* der *Astral-* u. *Ätherleib;* im/ Schlaf bleibt der Ätherkörper mit dem Körper verbunden u. verursacht die/ Träume. Kurze Zeit nach dem Tode *trennt sich* Astral- u. Ätherleib von dem phy/sischen Körper, dann zerreißt das *magnetische Band,* das sie an den Körper fesselte./

54

In der kurzen Zeit nun, zwischen dem Herausheben der feineren Leiber u./ der Trennung derselben vom Körper, leuchtet das ganze Leben – wie in einem/ großen Gemälde vor der Seele auf. Es ist im Ätherleib eingeschrieben. Erin/nerung taucht auf über lange, lange Zeiten; es herrscht über der Seele eine Wind/stille, sie ist blind u. taub für ihre Umgebung, ganz im Innern lebt sie auf/ mit einem erhabenen Inhalt.– Thomas a Kempis weiß in seiner «Nachfolge/ Christi» viel von dieser innern Seelensprache zu sagen. Sein Buch ist dem/ Neuen Testamente fast gleich zu achten.– Wenn tief im Innern diese/ geistige Kraft ersteht, so läßt sie uns allmählich unsern geistigen Wesenskern/ erkennen. Es ist dies eine ganz bestimmte Erfahrung. Die innere Erkenntnis des/ sich selbst erzeugenden Gedankens.– Ein wenig können wir uns/ den Vorgang klar machen, wenn wir uns ganz u. gar in ein Kunstwerk/ versenken, so daß wir uns selbst darüber ganz vergessen. So, wer sich selbst, sein/ innerstes *Selbst* erkennen will, bei dem muß auch vollkommene Windstille herrschen./ Nichts, gar nichts des persönlichen Ich's darf sich einmischen. Dazu gehört ein Grad des/ Lebens im Objekt, das sich abspielt im keuschen Ätherelemente. Wenn der/ Mensch es gelernt hat, so den göttlichen Gedanken in sich leben zu lassen u. im/ Stande ist, sein Leben bis zu seiner Geburt zurück zu verfolgen, dann taucht/ vor sei/ner Seele ein Bild auf. Es ist das Bild, das er in der Sterbestunde des vorigen/ Lebens gesehen hat, der Überblick über das vorige Erdenleben. Nicht das ganzen Erden/lebens kann er sich erinnern, das kommt erst später. Zunächst wird sich diese Erinnerung/

bis zur Gewißheit wiederholen, ehe die Erinnerung noch weiter u. immer weiter/ zurückgeht. Wer da weiß, was sich mit dem Menschen ereignet, dem wird der/ Zusammenhang klar werden. Wer da glaubt, daß der Mensch alles von der Natur/ empfängt, dem wird es befremdlich erscheinen. Wer aber an die Arbeit glaubt, die/ der Mensch zu verrichten hat, dem wird es klar sein. Was an einem Menschen von/ *Charakter* dasteht, das hat der Mensch sich selbst geschaffen. «Was du heute denkst, wirst du morgen sein.» Schöne, reine Gedanken oft, recht oft gesagt, Pflichten treu erfüllt, wer/den in den Charakter übergehen. *Der Gedanke formt den Charakter.»*

Andererseits liegt es auf der Hand u. ist leicht zu bemerken, daß der Verkehr des Men/schen, seine Umgebung, sein Beruf großen Einfluß auf seinen Charakter haben. Bei nähe/rer Prüfung werden wir finden, daß die Gelegenheiten, die dem Menschen im Leben/ geboten werden, im Zusammenhang stehen mit seinen Neigungen, Wünschen u. Begierden./ Vergleichen wir einen nordamerikanischen Bankbeamten mit einem Botaniker. Der/ Botaniker zieht ganz etwas anderes an sich heran, als der Bankbeamte. Das ist ganz selbst/verständlich u. natürlich. Es sind die Folgen der angeborenen Anlagen, die sich jeder in/ früheren Leben erworben hat. Die Handlungen sind der Gegenschreck auf die Umgebung./ Ein Beispiel: Ein Tischler hat den ganzen Tag gearbeitet. Der halbfertige Tisch, den er Morgens/ vorfindet, veranlaßt ihn, an diesem Tisch *weiter* zu arbeiten. Er arbeitet nicht aus dem/ Nichts heraus: «Der halbfertige Tisch bestimmt mein Schicksal für morgen» kann der Tisch/ler sagen. *So ist der vorhergehende Tag das Karma für den nächsten.*

Jene Tiere, die in eine finstere Höhle hineingekrochen sind, u. nicht wieder hinausfinden konnten,/

44

verloren allmälig ihr Augenlicht, weil sie es im Finstern nicht brauchen konnten./ Ihren Nachkommen fehlten die Sehorgane gänzlich, im Finstern brauchten sie andre Or/gane. Diese Tiere haben sich ihr Schicksal selbst bereitet. Ihre Einwanderung in die/ finstere Höhle, war ihr Karma. In der Vergangenheit schafften sie es sich für die Zukunft./ Was ich tue, verändert die Außenwelt. Haue ich einen Zweig ab, so habe ich den Welt/lauf geändert. Der Baum wächst nicht *so* weiter, wie es in seiner Natur lag. Mit/ jeder Tat ändern wir den Lauf; es würde anders verlaufen, wenn ich die Tat nicht voll/zogen hätte. So auch im gistigen Leben. Durch unser Fühlen u. Denken ändern wir/ die Welt. Weil alle meine Handlungen Einfluß auf die Welt haben, so besteht mein/ Karma in den Veränderungen, die ich durch meine Handlungen hervorgebracht habe.

Gedanken bilden den Charakter, Handlungen die Gegenhandlungen. Sie fallen im nächsten/ Leben zurück auf den Handelnden. Beispiel: Ich habe einen Menschen beleidigt, dadurch/ habe ich eine Veränderung hervorgebracht, ich habe die Weltordnung aus dem Gleich/gewicht ge/bracht; nun bin ich verpflichtet, die Welt wieder auf den Standpunkt zurückzuführen, aus/ dem ich sie aufgestört habe. Ich habe die Welt unvollkommen gemacht, sie fordert von mir,/ daß ich sie wieder vollkommen mache. Ich bin solange an meine Verpflichtung gebunden, bis ich/ die gestörte Harmonie wieder hergestellt habe. Ist die Harmonie in diesem Leben nicht wieder/ hergestellt, so bleibt die Schuld bis zum nächsten Erdenleben bestehn, sie *muß* ausgeglichen werden./ So hängen die wiederholten Erdenleben mit einander zusammen. Wurde ich in diesem Leben in/ Not u. Elend geboren, so war das die Folge davon, daß ich früher die Welt in Disharmonie gebracht/ hatte. So waltet die *Weltgerechtigkeit*. Für seine *Tat* haftet der Mensch; für diese giebt es keine/

andere Verzeihung als die Gegentat, die als Sühne geleistet wird./ Das ist die *nicht verzeihliche Sünde wider den Geist*. Was *er tut*/ in der niederen Welt, muß in der andern Welt von ihm ausgeglichen/ werden. Das natürliche Leben bewirkt die Natur in ihm, irrt er da,/ so wird es ihm vergeben. Was *er selbst* vollbracht hat, dafür haftet/ der Mensch. Tut er Böses, was gegen die Weltordnung läuft, bewußt,/ so ist das die Sünde gegen das Ich, gegen den Geist. Das Ich ist durch/ die bewußte Handlung verletzt worden.–

Theosophie ist kein Dogma, keine Sekte. Sie ist *Leben*, volles Leben!–/ Bloße Theorie kann nichts nützen. Wenn ich alles noch so genau wüßte/ u. wollte es nicht im Leben anwenden, es würde mir nichts nützen./ Man muß sich praktisch von der Wahrheit überzeugen.–

Wie haben wir uns dazu zu verhalten? Wir müssen gründlich ver/fahren, auf den Grund gehen bei allen Dingen. Wenn wir den Grund/ u. die Ursache wissen, wodurch die schlimmen Dinge in die Welt kommen,/ so wirkt das zwar zunächst deprimierend. Dann muß ich mir sagen,/ ich habe mir mein Schicksal, meinen Charakter selbst bereitet./ Aber andererseits wirkt das Bewußtsein auch erhebend. Wir sind die/ Herren der Zukunft. Das was ich jetzt tue, bildet die Grundlage für die/ Zukunft. Arbeite ich heute an der Veredlung meines Charakters, so weiß ich,/ daß diese Arbeit nicht vergeblich ist. Das giebt einen seligen Trost denen, die/

58

innerlich überzeugt sind von der Sache. Die tiefste Seelenruhe sprießt/ aus dieser Lehre. Das Leben wird ein anderes auch in Bezug auf/ unsre Nebenmenschen. Wir sind nur gar zu leicht geneigt *zu rich/ten,* wenn wir an andern sehen, was uns nicht gefällt. Haben wir/ Verständnis vom Karma erlangt, wie anders wird es dann. Da sagt/ einer: «Zwar bist du jetzt schlecht, du lügst u. betrügst, aber vielleicht/ steht das mir nicht zum erstenmal gegenüber u. wer weiß, ob/ ich nicht vielleicht selbst schuld daran bin, daß ich heute so schlecht bin.»

Wenn das jemandem lächerlich ist, so ist das ein Zeichen, daß er/ noch nicht tief in das Karmagesetz eingedrungen ist. Wer erst zur/ Erkenntnis des *höheren Selbstes* gekommen ist, der wird nicht mehr gleich/gültig an seinen Nebenmenschen vorübergehen, oder sie kritisieren, er/ wird den Zusammenhang zwischen Mensch u. Mensch begreifen lernen. An/ jeder Straßenecke trifft er Menschen, er denkt: «Lann ich dir helfen, viel/leicht kann ich dich besser machen, wenn ich im vorigen Leben etwas/ versehen habe. Diese *heute mögliche Idee* angewendet auf das Leben,/ macht das Leben klarer, durchsichtiger. Wir lernen dadurch den Menschen/ besser verstehen, besser ihm zu helfen. Es ist Unsinn zu sagen: «Ich soll/ ihm nicht helfen, er hat sein böses Karma selbst verschuldet.[»] In dem/ Augenblicke, wo du vor ihm stehst, ist sein Karma, *daß du ihm hilfst./* Hilfst du ihm *nicht,* so wird ihm sonstwie geholfen, du aber hast deine/

Pflicht versäumt. Hilfst du ihm, so kannst du dir sagen, wenn/ ich ihm helfe, so wird sein zukünftiges Leben sich besser gestalten./ *Mich zur Mithilfe erziehen will die Karmalehre.* Durch mein eige/nes praktisches Leben wird mir die Lehre immer klarer, wer in ihr/ *lebt;* dann wird sie sich im Leben bewahrheiten. Durch immer wieder/kehrend Erfahrungen wird sie durch das ganze Leben bewiesen werden;/ durch das ganze *Menschenleben.*

Jesus Christus der Gründer des Christentums, hat diese Lehre in ein Be-kennt/nis zusammengefaßt. Von der ganzen Weltenrunde sprach er als/ von dem Leib seines Vaters, wie jeder Leib des Menschen eine Wohnung/ des Vaters ist. Dem Menschen ist der Vater unbewußt, er braucht einen/ Führer zum Vater. Nur durch den Sohn kommen wir zum Vater./ Er will unser Führer sein. Zum Vaterleib zurück kehrt die See-le/ nach jedem Erdenleben. Die Seele schreitet nach jedem Erdenleben/ durch eine Wohnung, die genommen ist aus dem göttlichen Vaterleibe./ Jesus Christus spricht: *«In meines Vaters Hause sind viele Wohnungen.»*

Nachtrag: Ich weiß, daß vielen die Frage auf dem Herzen/ liegt: «Wie steht das Christentum zu der Lehre des wiederholten/ Erdenlebens? Weshalb wird sie nicht officiell gelehrt? Wie ist das Christentum dazu gekommen, diese Frage nicht zu berühren? [»]

Das hängt mit der Entwicklung des Menschengeschlechts zusammen. In/ alten Zeiten, 4000 Jahre vor unse/rer Zeitrechnung, haben es alle Men/schen gewußt, die alten ägyptischen Sklaven, die unter grau/samen Peini/gern die Pyramiden bauen mußten, haben sich/ schon daran getröstet. Zu Christi Zeiten war das Bewußtsein/ da/von auch noch tätig. Auf dem Berg Ta/bor hat Jesus Chri/stus seinen intimen Schülern *verboten,* von der Wiederver/körperung in den nächsten 2000 Jah/ren zu sprechen.

«Auf dem Berge» heißt: im in/nersten Heiligtum./ Die Jünger woll/ten dort «Hütten bauen», das bedeu/tet den/ zweiten Grad der Chelaschaft.

Indem Jesus ihnen verklärt erschien, mit Elias und/ Moses, zeigte Jesus ih/nen den Zusammenhang des [durch/gehenden] Lebens.

Elias – El = der Weg
Moses – die Wahrheit
Jesus – das Leben.

Und sie sahen dann Jesus allein, der da ist: der Weg,/ die Wahrheit und das Le/ben in *einer* Person.

Dann sagte er «Saget es nieman/dem, bis ich wieder/kommen werde.[»]

Christus kommt wieder, wenn der Mensch eine Stufe/

weiter in der Entwicklung ist.   Den
Mystikern/ war das Alles bekannt.

Die heutige Menschheit, die durch
das äußere Christen/tum durchgegangen ist, hat seine Seligkeit in der *Per/
son* Jesu Christi gefunden.

In der sechsten Unterraße wird das
anders sein./ Angelus Silesius sagte schon:

Und wäre Christus tausendmal in
            Bethlehem geboren
und nicht in Dir, so wärst Du doch
            verloren.

Das Kreuz von Golgatha kann Dich
            nicht von dem Bösen,
wo es nicht auch *in Dir* wird aufge-
            richt, erlösen.

Wenn *Christus in uns* zum *Erlebniß* geworden ist, erst/ dann kann Christus in
einer andern Gestalt wiedererscheinen.

Und wär das Aug nicht sonnenhaft,
Wie könnt es dann die Sonn erblicken;
Läg nicht in uns des Gottes eigne Kraft,
Wie könnt uns Göttliches entzücken!

So kann der Mensch erst dann Christus in der Welt sehen, wo/ er zu sehen
ist, wenn er selbst *christushaft* wird.
Bis da/hin sollte die Lehre nicht gelehrt werden.

Warum das so sein sollte?

Das Christentum ist universal, es soll das *ganze* Leben/ durchdringen; sollte das Leben zwischen den Erdenleben hei/lig gemacht werden, so mußte es auch dieses Erdenleben/ heilig machen.– Um nun die Wichtigkeit u. Heiligkeit dieses niedern Erden/lebens zu erkennen u. alles daran zu setzen, es zu heiligen, darum sollte/ das Menschengeschlecht *einmal* von den vielen Erdenleben durch dieses/ Leben gehen, ohne von der Wiederholung desselben zu wissen. Das ist/ nun für Viele erreicht.

Grundfalsch ist es, daraus den Schluß zu ziehen *der ewigen Höllenstrafen./* Durch dieses einmalige Hindurchgehen ohne Kenntnis von der Wieder/verkörperung, sollte der Mensch lernen, das Leben *wichtig* zu nehmen./ Man nimmt an, daß die Wiederverkörperung nach 1500-200[0] Jahren/ für jede Seele stattfindet, u. daß in diesem Zeitraum wohl alle Menschen/seelen *einmal* durch ein solches Erdenleben ohne Kenntnis hindurchge/gangen sind.– Und so ist jetzt die Zeit gekommen, wo diese/ Lehre wiederum neu verkündigt wird. Jesus vollstreckt sein Te/stament. Er hat gesagt: «Siehe ich bin bei euch alle Tage bis an/ der Welt Ende.» M. 18 20 Er hat seine Christenheit bisher durch die/ Verdunkelung geleitet, nun läßt Er die Lehre wieder aufleuch/ten, nun, wo das Christentum in Gefahr war, zu erstarren.

Die für Viele neue Lehre soll das alte Christentum wieder/

in Fluß bringen, neue Blüthen u. Früchte wieder treiben,/ wenn es jetzt die Lehre wieder aufnimmt.

Das ist ein Ideal, was sich wohl erst allmälig verwirklichen/ kann. Wenn nur die Lehre erst einmal als Theorie auf/gefaßt u. angenommen wird, so wird es nicht lange währen,/ daß wir von den Kanzeln herab theosophische Begriffe und/ Gedanken hören werden.

Alles, alles wird die Theosophie mit neuem, frischen Leben/ erfüllen und wenn sie nicht mehr als etwas Besonderes da/steht und erscheint, dann hat sie sich selbst als Lehre über/flüssig gemacht.

——— d. 17/12.05

"Wiederholte Erdenleben als Schlüssel des Menschenrätsels".

Oeffentlicher Vortrag

von

D r .   R u d o l f   S t e i n e r .

Hamburg, am 9. Dezember 1905.

Verehrte Anwesende!

Unter denjenigen Anschauungen, welche die theosophische Bewegung neuerdings den Menschen zum Bewußtsein zu bringen versucht, sind die beiden Worte: "Wiederverkörperung und Karma" zusammengefaßt in den Titel des heutigen Vortrags als Lösung des Menschenrätsels. Die beiden Worte werden von unseren Zeitgenossen sehr verschieden aufgefaßt. Die einen sind gleich bei der Hand, die Theosophie für phantastisch und unsinnig zu erklären; sie sagen: Wie kann man denn überhaupt so etwas wissen? Anderen tritt diese Erkenntnis wie eine Erlösung entgegen; es ist das Wort auf das Rätsel, das das Rätsel löst, das sie gefunden; der Alpdruck, unter dem sie schmachteten, ist von ihnen genommen. Es löst sich uns das Rätsel, weshalb ein Teil der Menschen in tiefstem Elend steckt, während andere schein-bar im höchsten Glück dahinwandeln, wenn wir bedenken, daß in ver-

65

WIEDERHOLTES ERDENLEBEN ALS SCHLÜSSEL
DES MENSCHENRÄTSELS

(Hamburg, 9. Dezember 1905)

Verehrte Anwesende!

Unter denjenigen Anschauungen, welche die theosophische Bewegung neuerdings den Menschen zum Bewusstsein zu bringen versucht, sind die beiden Worte:

Wiederverkörperung und Karma

zusammengefasst in den Titel des heutigen Vortrages als Lösung des Menschenrätsels. Die beiden Worte werden von unseren Zeitgenossen sehr verschieden aufgefasst; die Einen sind gleich bei der Hand, die Theosophen für phantastisch und unsinnig zu erklären. Sie sagen: Wie kann man denn überhaupt so etwas wissen? Andern tritt diese Erkenntnis wie eine Erlösung entgegen, es ist das Wort auf das Rätsel, das das Rätsel löst, das sie gefunden. Der Alpdruck, unter dem sie schmachteten, ist von ihnen genommen. Es löst sich uns das Rätsel, weshalb ein Teil der Menschen im tiefsten Elend steckt, während andere scheinbar im höchsten Glück dahinwandeln; Wenn wir bedenken, dass in vergangenen Zeiten der Grund gelegt worden ist sowohl zu den A n l a g e n, mit denen der Mensch auf die Welt kommt, als auch zu seinem S c h i c k s a l, das ihn in diesem Erdenleben trifft. Die Andern nun, denen die Sache so phantastisch erscheint, bedenken nicht, dass ihre Umgebung, in der sie leben, nicht die einzige auf Erden ist. Es gibt viele Menschen, die an einem wiederholten Erdenleben festhalten; ebenso viele wie die, denen diese Sache aus dem Gesichtskreise gerückt ist. Den asiatischen Völkern ist die Wiederverkörperung keine graue Theorie, sondern eine Lebenswahrheit, aus welcher sie Lebenskraft schöpfen. In früheren Zeiten bis zum Christentum war diese Anschauung weit verbreitet, auch in Europa. Auch noch in den Anfangszeiten des Christentums. Es war nicht etwa nur eine Anschauung für Phantasten, die besten der geistigen Führer bekannten sich zu dieser Anschauung: P l a t o , G i o r d a n o B r u n o , der für

N o t i z e n.
‒‒‒‒‒‒‒‒‒

Besondere Fragen über Wiederverkörperung und Schicksal.
‒‒

Köln, den 24. Februar 1 9 1 0 .

Die alltäglichen Dinge sind für den Tieferblickenden die
allergrössten Rätselfragen. Man braucht die tiefste Wissenschaft, um
die alltäglichsten Dinge zu lösen. Die Naturwissenschaft gibt die Grund-
frage zum Auflösen von vielen Fragen. Andere Fragen können nur durch
Geisteswissenschaft gelöst werden, der man den viel missbrauchten und
viel missverstandenen Namen Theosophie gibt. Das grosse gigantische
Schicksal, das den Menschen erhebt, indem es ihn zermalmt, das Schicksal wird oft eine Summe von Unfällen genannt. Mancher wächst auf ohne
Sorgfalt an seiner Wiege, kann nur geringe Dienste seinen Mitmenschen
beweisen. Ueber andere wacht sorgende Liebe, seine Fähigkeiten werden
entwickelt, er kann ein befriedigendes Dasein antreten und ein nützliches Glied in der Welt werden. Warum? Dazu ist das Gesetz von der Verkettung der Tatsachen, Ursachen und Wirkungen, zu erforschen. Nehmen wir
einige Fälle. Ein Mensch im 18. Jahre wählt einen anderen Beruf als im
12. Aber nach 8 Jahren entsteht eine Disharmonie. Er ist wie eine elastische Kugel, die zusammengedrückt wurde und sich dann wieder ausdehnt.

67

" K a r m a   u n d   R e i n c a r n a t i o n "

Gehalten von Dr. R u d o l f   S t e i n e r   in L i n z

am 31. Mai 1911 im Blauen Saal des Kaufmännischen Vereinshauses.

Theosophie ist keine graue Theorie, sie soll ein unmittelbarer belebender Faktor im menschlichen Leben sein, sie soll sich ergiessen in unser gesamtes Seelenleben und soll uns Sicherheit und Hoffnungszuversicht und freudige Hingebung an die Welt und unser Leben geben.

Dadurch, dass man sich die Erkenntnis von Karma und Reinkarnation erwirbt, erwirbt man sich nicht nur Erkenntnis , sondern auch Lebenskraft und Lebenssicherheit .

Unsere physischen Ereignisse hängen von geistigen Gesetzen ab, und so spielen die geistigen Gesetze in die physische Welt herein. Wie hängen Ursachen und Wirkungen zusammen? Karma ist dasjenige Gesetz, welches uns zeigt, das Leben zu erklären. Definitionen sind gar nichts wert, sind allein die Beschreibungen des Daseins, Man muss das Gegenwärtige Karma aufsuchen von der Geburt bis zum Tode eines Menschen. Man muss Lebensabschnitte eines Menschen betrachten.

Wir wollen ein sehr auffallendes Beispiel betrachten! Ein Jüngling ist mit seinen 18. Jahre aus den gewöhnlichen Rahmen seines Lebens herausgeworfen worden und muss nun einen Beruf ergreifen.――――――
―――――――――― gelebt, wird etwas tüchtiges, spا ―――――――
gesunkter dem Sا―――

Es fehlt nicht an Liebe, aber an jener verständnisvolles Liebe, die tatkräftig ist, aber die findet man nicht, wenn man nicht richtig denkt.――――――

Es gibt solche Lebensknoten, die sehr verstohlen sind. Man muss frühere mit späteren Lebensabschnitten vergleichen.―

Das wissen Sie Alle, dass einen nichts so freut, als wenn man sich in einem

Zu dieser Ausgabe

Es liegt hier der Erstdruck dieser drei öffentlichen Vorträge vor.

Von dem Vortrag in Hamburg am 9. Dezember 1905 liegen zwei Klartextnachschriften vor, eine in Sütterlinhandschrift und eine in Maschinenschrift. Letztere stellt eine Redaktion der hier zugrunde gelegten Handschrift dar und ist in zwei Fassungen vorhanden, die nur sehr geringfügig voneinander abweichen. Die Sütterlinhandschrift ist vollständig faksimiliert wiedergegeben (s. S. 46-64); von den zwei maschinengeschriebenen Nachschriften kann der Leser je die erste Seite einsehen (s. S. 65 und 66).

Zum Vortrag in Köln am 24. Februar 1910 sind nur maschinengeschriebene «Notizen» erhalten (s. erste Seite S. 67).

Der Vortrag in Linz am 31. Mai 1911 trägt am Anfang (s. S. 68) den Vermerk: «Einige Notizen aus dem Vortrag ‹Karma und Reinkarnation› Gehalten von Dr. Rudolf Steiner in Linz am 31. Mai 1911 im Blauen Saal des kaufmännischen Vereinshauses.» Diese Notizen sind unredigiert wiedergegeben (s. S. 37-44).

Alle erwähnten Unterlagen kann der Leser faksimiliert und im vollen Umfang auf der Webseite des Archiati Verlags einsehen.

Die Vorträge von Rudolf Steiner

Rudolf Steiner hat vor den unterschiedlichsten Menschengruppen einige tausend Vorträge gehalten, davon viele öffentlich. Um möglichst genau zu erfahren, was Rudolf Steiner gesagt hat, ist eine gewissenhafte Prüfung der überlieferten Unterlagen und eine Vertrautheit mit Steiners Denk- und Sprechweise erforderlich.

Bis 1915/16 haben verschiedene Zuhörer die Vorträge stenografiert. Mit der Redaktion hat Marie Steiner in der Regel Walter Vegelahn beauftragt. Vegelahn hat die Klartextnachschriften sehr stark erweitert. Seine Redaktion liegt zahlreichen Bänden der Rudolf Steiner Gesamtausgabe zugrunde. Der Archiati Verlag geht demgegenüber auf die ursprünglichen Klartextnachschriften zurück, soweit diese ihm vorliegen.

Ab 1915/1916 wurde eine Berufsstenografin, Helene Finckh, mit dem Stenografieren beauftragt. Ihre Stenogramme gelten als dem von Rudolf Steiner gesprochenen Wort treu und ihre Übertragung wiederum als dem Stenogramm entsprechend. Um dieses Letzte zu prüfen, wäre ein Vergleich der Klartextnachschriften mit den Stenogrammen nötig. Diese besitzt die Rudolf Steiner Nachlassverwaltung, die einen Vergleich mit den Stenogrammen Außenstehenden nicht gestattet. Wir hoffen auf einen Sinneswandel der Verantwortlichen, wodurch im Internet allen Menschen der Zugang zu den Stenogrammen ermöglicht wird.

Der Archiati Verlag ist bestrebt, wissenschaftliche Genauigkeit mit allgemeiner Zugänglichkeit zu verbinden. Ein Beispiel dafür ist die Handhabung von Wörtern, die heute ungebräuchlich sind oder eine andere Bedeutung angenommen haben. Ersetzungen werden mit einem hochgestellten kleinen Kreis (°) kenntlich gemacht – z. B. Frau° für Weib. Am Ende des Textes findet der Leser die Liste der ersetzten Worte. Fremd- oder schwer verständliche Wörter werden zuweilen auch in Klammern «übersetzt» – z. B. Parenthese (Klammer).

Als Rudolf Steiner die Theosophische Gesellschaft verlassen musste, gab er die Anweisung, dass in seinen Vorträgen «Theosophie» und «theosophisch» durch «Anthroposophie» und «anthroposophisch» ersetzt werden. Geisteswissenschaft war für ihn vor allem Leben, und um dem Leben zu dienen, muss man in Bezug auf die Terminologie beweglich bleiben. Immer wieder betonte er, dass die Terminologie reines Mittel zum Zweck ist.

Mensch- und Erdentwicklung

7 planetarische Zustände der Erde	1. Saturn-, 2. Sonnen-, 3. Mond-Erde, 4. Erde (jetziger Planet), 5. Jupiter-, 6. Venus-, 7. Vulkan-Erde
7 geologische Epochen der jetzigen Erde	1. Polarische, 2. hyperboräische, 3. lemurische, 4. atlantische Erdepoche 5. nachatlantische (die jetzige), 6., 7. Erdepoche
7 Kulturperioden der «nach-atlantischen» Zeit (je 2160 J.)	1. Indische, 2. persische, 3. ägypt.-chaldäische, 4. griech.-römische Kulturper. (747 v.–1413 n.Chr.); 5. unsere Kulturper. (1413–3573 n.Chr.), 6., 7. Kulturper.

Das Wesen des Menschen

3 Körper-Hüllen:	1. Physischer Körper, 2. Ätherleib, Bildekräfteleib, 3. Astralleib
3 Seelen-Kräfte:	1. Empfindungsseele, 2. Gemüts- oder Verstandesseele, 3. Bewusstseinsseele
3 Geistes-Glieder:	1. Geistselbst (höheres Ich), 2. Lebensgeist, 3. Geistesmensch
Aus 9 wird 7:	1. Physischer Leib, 2. Ätherleib, 3. Astralleib, 4. Ich, 5. Geistselbst, 6. Lebensgeist, 7. Geistesmensch

Dreiheit in Mensch und Welt

Geistige Wesen:	Luzifer	Christus	Ahriman
Evangelium:	Diabolos	Streben nach Gleich-gewicht	Satanas
Geistig:	Spiritualismus		Materialismus
Seelisch:	Schwärmerei		Pedanterie
Physisch:	Entzündung		Sklerose
Moralisch:	hemmend	fördernd	hemmend

Naturelemente

Ätherwelt:	Wärmeäther	Lichtäther	Ton-/Zahlenäther	Lebensäther
Phys. Welt:	Wärme	Luft	Wasser	Erde
Unternatur:	Schwerkraft	Elektrizität	Magnetismus	Atomkraft
Naturgeister:	Salamander	Sylphen	Undinen	Gnome

Stufen der Einweihung

1. Imagination:	Bilder sehen – in der Akasha-Chronik (Ätherwelt)
2. Inspiration:	Worte hören – in der Seelenwelt (Astralwelt)
3. Intuition:	Wesen erkennen – in der geistigen Welt (Devachan)

Rudolf Steiner (1861-1925) hat die moderne Naturwissenschaft durch eine umfassende Wissenschaft des Übersinnlich-Geistigen ergänzt. Seine «Anthroposophie» ist in der heutigen Kultur eine einzigartige Herausforderung zur Überwindung des Materialismus, dieser leidvollen Sackgasse der Menschheitsentwicklung.

Steiners Geisteswissenschaft ist keine bloße Theorie. Ihre Fruchtbarkeit zeigt sie vor allem in der Erneuerung verschiedener Bereiche des Lebens: der Erziehung, der Medizin, der Kunst, der Religion, der Landwirtschaft, bis hin zu einer gesunden Dreigliederung des ganzen sozialen Organismus, in der Kultur, Rechtsleben und Wirtschaft genügend voneinander unabhängig gestaltet werden und sich dadurch gesund entfalten können.

Von der etablierten Kultur ist Rudolf Steiner bis heute im Wesentlichen ignoriert worden. Dies vielleicht deshalb, weil viele Menschen vor der Wahl zwischen Macht und Menschlichkeit, zwischen Geld und Geist, zurückschrecken. In dieser Wahl liegt jene innere Erfahrung der Freiheit, die vor zweitausend Jahren allen Menschen möglich gemacht wurde und die zu einer zunehmenden Scheidung der Geister in der Menschheit führt.

Die Geisteswissenschaft Rudolf Steiners kann weder ein elitäres noch ein Massenphänomen sein: Einerseits kann nur der einzelne Mensch in seiner Freiheit dazu Stellung nehmen und sie ergreifen, andrerseits kann dieser Einzelne in allen Schichten der Gesellschaft und in allen Völkern und Religionen der Menschheit seine Wurzeln haben.